Taekwon-Do
Bassai-Hyong und Naihanchi-Hyong

Wolfgang Behounek

Taekwon-Do

Bassai-Hyong und Naihanchi-Hyong

Ablauf, Anwendungen, Hintergrund

Taekwon-Do – Bassai-Hyong und Naihanchi-Hyong

Bibliographische Information der deutschen Bibliothek:
Die Deutsche Bibliothek verzeichnet diese Publikation in der Deutschen
Nationalbibliographie; detaillierte bibliographische Daten sind im Internet über
http://dnb.ddb.de abrufbar.

Copyright: ©2008 Wolfgang Behounek
Copyright der Fotos: ©2008 Klaus Moosmang
Herstellung und Verlag: Books on Demand GmbH, Norderstedt
Umschlaggestaltung: Stefanie Krause

ISBN 978-3-83702-927-7

Inhalt

Vorwort

von Großmeister Song, Chae-Yong

Die Hyongs Bassai und Naihanchi werden gleichermaßen in China, Japan, Okinawa und Korea geübt. Sie gehören damit zu den am weitesten verbreiteten Hyongs in den fernöstlichen Kampfkünsten.

Bassai (koreanisch Bal-Sek) steht für die Auswahl von vielen verschiedenen Bewegungsmustern: langsame und schnelle Bewegungen, Befreiung gegen Fassen der Arme und Beine, blitzschnelle Abwehr und Gegenangriffe.

Naihanchi (koreanisch Tscheolgi) steht für die Kima Sogi, in der alle Techniken ausgeführt werden.

Ich habe diese beiden Hyongs von meinem Lehrer Großmeister Hwang Kee in der Moo Duk Kwan-Schule in Seoul gelernt. Sie zählen zu den wichtigsten Techniken, die ich an meine Schüler weitergeben möchte.

München, den 25. Januar 2008

Song, Chae-Yong
   7. Dan Taekwon-Do

Einführung

In vielen traditionellen Taekwon-Do-Gruppen werden neben den 20 bzw. 24 Taekwon-Do-Hyongs noch zwei weitere Formen gelaufen: die Bassai-Hyong und die Naihanchi-Hyong. Gegenüber den Taekwon-Do-Hyongs fallen diese beiden Formen etwas aus der Reihe. Sie haben einen anderen historischen Hintergrund und sind anders aufgebaut.

Während die Taekwon-Do-Hyongs um 1960 herum entstanden sind, können die Bassai-Hyong und die Naihanchi-Hyong auf einen jahrhundertealten Ursprung zurückverfolgt werden.

Die Ursprünge dieser beiden Formen liegen wahrscheinlich im mittelalterlichen China, von wo aus sie über Okinawa und Japan nach Korea gekommen sind [1].

Im alten China war es üblich, dass Kampfkunstschulen und ihre Meister ihr Können und Wissen vor der Öffentlichkeit geheim hielten. Es wurde nur von Meister zu Schüler weitergereicht, und die Techniken wurden oft nur in Form von festen Bewegungsfolgen weitergegeben. Zu dessen Verständnis waren nicht nur Kenntnisse über die Techniken an sich notwendig, sondern auch Wissen über vitale Angriffspunkte, Meridiane, etc. Diese Bewegungsfolgen waren die Vorläufer der Hyongs oder Kata, wie sie heute bekannt sind.

Man vermutet, dass die Bassai und die Naihanchi in dieser Zeit in China entwickelt wurden, aber die genauen Ursprünge sind unbekannt. Die ersten historischen Quellen finden sich auf Okinawa, einer Inselgruppe im Süden Japans.

Okinawa war bis zum Ende des 19. Jahrhunderts ein Königreich, das während des Mittelalters sowohl China als auch Japan tributpflichtig war. Es hatte intensive Handelsbeziehungen und regen geistigen Austausch zum chinesischen Festland, was auch die jeweiligen Kampfkünste betraf. Es ließen sich einige chinesische Familien auf Okinawa nieder und lehrten dort ihre eigenen Kampfkünste, und einige Okinawaner gingen nach China, um dort die Kampfkünste zu studieren.

Die Bassai und die Naihanchi gelangten zusammen mit anderen Formen über diesen Weg nach Okinawa und beeinflussten dort stark die einheimischen Kampfkünste. Von den okinawanischen Meistern wurden diese importierten Formen stark verändert und in die heimische Kampfkunst integriert [2]. So entstand das Karate, was in der damaligen Zeit gebräuchlichen Schreibweise „chinesische Hand" bedeutete*.

1879 wurde Okinawa dem japanischen Staat einverleibt. Dadurch vollzog sich, ebenso wie in Japan zu dieser Zeit, auf Okinawa ein Wandel. Die feudalistische Sozialstruktur ging über in eine industrielle Gesellschaft. Es wurde ein Schulsystem nach westlichem Muster eingeführt, und das zuvor oft im verborgenen geübte Karate mit seinen Formen wurde so verändert, dass es Bestandteil des Sportunterrichts auf der Inselgruppe werden konnte.

Der Begründer des modernen Karate, der Okinawaner Gichin Funakoshi, schuf aus den alten Karate-Stilen einen neuen Stil, das Shotokan-Karate. In dieses System übernahm er viele der alten okinawanischen Formen, inklusive die Bassai- und

---

* Die Bedeutung des Begriffs „Karate" wurde erst in „leere Hand" umgedeutet, als das Karate von Okinawa nach Japan kam.

Naihanchi-Formen. 1922 ging er nach Japan und unterrichtete dort Karate, das den Japanern bis dahin völlig unbekannt war. Das Karate verbreitete sich in Japan rasch und wurde dort ebenfalls in Schulen und Universitäten unterrichtet.

Im Jahre 1910 annektierte Japan die koreanische Halbinsel. Korea besaß selber eine lange Kampfkunsttradition, die Japaner jedoch wollten Korea zu einer japanischen Kolonie machen und verboten alles, was mit koreanischer Kultur zu tun hatte [3] – auch die Ausübung aller einheimischen Kampfkünste wie Taekyon und Subak.

Während dieser Zeit lernten viele der späteren koreanischen Taekwon-Do-Meister im Untergrund Taekyon oder gingen nach Japan, um dort Karate zu lernen. Choi, Hong-Hi, der spätere Begründer des Taekwon-Do, lernte Karate und damit die Bassai- und Naihanchi-Formen während seines Studienaufenthaltes in Japan. Er erreichte im Karate den 2. Dan [4].

Der Begründer des Tang Soo Do, Hwang Kee, lernte zunächst in den 30er Jahren in der Mandschurei bei einem chinesischen Meister Kung Fu. Er schrieb 1998 in seinem Buch „The History of Moo Duk Kwan", dass er bei seiner Rückkehr nach Korea in einer Bibliothek Bücher über Okinawa-Karate fand und dabei auf die Karate-Formen stieß [5].

Als Korea 1945 von der japanischen Besatzung befreit wurde, gründete Meister Hwang Kee in Seoul die Moo Duk Kwan-Kampfkunst-Schule. Er nannte sein System „Tang Soo Do" und übernahm die Karate-Formen inklusive der Bassai- und der Naihanchi-Formen. Dabei veränderte er diese etwas: Die Bewegungen erfolgten bei ihm mit stärkerer Unterstützung der Hüfte, und die Techniken wurden anders interpretiert.

Choi, Hong-Hi begründete 1955 das Taekwon-Do und entwickelte Anfang der 60er Jahre mit seinen Schülern für diese Kampfkunst 20 neue Formen – die Hyongs (auch nach Meister Chois Pseudonym „Chang-Hon"-Formen genannt). Dabei benutzten sie als Vorlage die Formen des Tang Soo Do und des Karate. Die erste Auflage von Choi, Hong-His Buch „Taekwon-Do" [4] aus dem Jahr 1965 beinhaltet neben diesen 20 Taekwon-Do-Hyongs auch 15 Karate-Formen mitsamt der Bassai- und den 3 Tekki/Naihanchi-Formen[*].

Bei der Entstehung der Taekwon-Do Hyongs spielten insbesondere die Bassai-Hyong und die Naihanchi-Hyong eine große Rolle, deshalb finden sich verschiedene Elemente dieser beiden Formen in vielen der Taekwon-Do-Hyongs wieder. Zum Beispiel beinhaltet die 13. Hyong ganze Sequenzen aus den beiden Formen.

Viele spätere koreanische Taekwon-Do-Meister trainierten früher Tang Soo Do bei Hwang Kee, so auch Meister Song, Chae-Yong. Er begann 1954 mit dem Tang Soo Do-Training in der Moo Duk Kwan-Schule von Hwang Kee [6]. Dort legte er die Prüfung zum 1. Dan im Tang Soo Do ab. Während seiner Militärzeit lernte er auch Shotokan-Karate. Als er 1968 nach seinem Studium nach Deutschland ging, unterrichtete er bei Kwon, Jae-Hwa Taekwon-Do. Neben den damals 20 Taekwon-Do-Hyongs, die von Choi, Hong-Hi entwickelt wurden, unterrichtete Meister Song auch die Bassai-Hyong und die Naihanchi-Hyong, da diese für ihn die Basis der Taekwon-Do-Hyongs bilden.

---

[*] In den nachfolgenden Auflagen wurden die Karate-Kata entfernt und die Zahl der Hyongs auf 24 erhöht.

Beide Formen werden heutzutage in vielen traditionellen Taekwon-Do-Schulen zusätzlich zu den Taekwon-Do-Hyongs gelaufen. Oft werden sie parallel zu den Farbgurt-Hyongs (1.-9. Hyong) gelehrt.

Während die Namen aller Taekwon-Do-Hyongs auf bedeutende koreanische Personen oder bedeutende Ereignisse in der Geschichte Koreas hinweisen, sind die Namen der Bassai und der Naihanchi nicht eindeutig zu erklären. Ihre ursprüngliche Bedeutung ist im Lauf der Jahrhunderte verloren gegangen. Grund dafür ist, dass man in der chinesischen und japanischen Sprache wissen muss, wie ein Wort in Schriftzeichen ausgedrückt wird, um dessen Bedeutung eindeutig zu erfassen. Diese alten Schriftzeichen, die für das Verständnis wichtig wären, sind nicht mehr überliefert, und die alten Namen wurden in der Vergangenheit oft umgedeutet. Deshalb existieren für die Namen verschiedene Erklärungsmöglichkeiten. Dieses Buch verwendet die am meisten gebräuchlichen.

Bedingt durch ihre lange Geschichte sind diese beiden Formen in vielen Kampfstilen enthalten. Deshalb gibt es von ihnen keine allgemeingültige Version. Dieses Buch gibt die von Großmeister Song, Chae-Yong weitergegebenen Versionen der Formen wieder, wie er sie in der Moo Duk Kwan-Schule von Hwang Kee gelernt hat.

Dieses Buch kann nicht die Unterweisung durch einen qualifizierten Trainer oder Lehrer ersetzen. Es versteht sich vielmehr als eine Ergänzung zum Taekwon-Do-Training. Es soll helfen, beide Formen besser zu verstehen.

Die Bassai-Hyong

Hintergrund

Die Bassai-Hyong ist sehr alt – nach mündlicher Überlieferung soll sie bereits im 14. Jahrhundert in China entstanden sein, aber erst um 1830 wurde sie auf Okinawa erstmals schriftlich erwähnt. Leider ist nicht nachweisbar, ob zwischen dieser Ur-Bassai und der heute bekannten Bassai eine Verbindung besteht. Sie war eine der ersten Formen, die im Mittelalter von China nach Okinawa gelangte.

Nachdem Okinawa Ende des 19. Jahrhunderts japanisch wurde, veränderte der Karate-Meister Anko Itosu etwas den Ablauf der Bassai und vereinfachte sie, um sie im Schulsport einsetzen zu können. Außerdem schuf er eine neue Form mit der Bassai als Vorlage, die er Bassai-Sho („kurze Bassai") nannte. Die eigentliche Bassai ist seitdem im Karate als Bassai-Dai bekannt [2].

In dieser Form gelangten beide Formen nach Japan und nach Korea. Nach dem 2. Weltkrieg und der Befreiung Koreas von der japanischen Besatzung übernahm Hwang Kee die Formen Bassai-Dai und Bassai-Sho in sein System, während Choi, Hong-Hi nur die Bassai-Dai übernahm. Die Bassai-Dai ist diejenige, die heutzutage im Taekwon-Do unter dem Namen Bassai bekannt ist.

Die Bedeutung des Namens „Bassai" hat sich im Lauf der Zeit gewandelt. Auf Okinawa verstand man darunter „Entzweistoßen". Heutzutage wird „Bassai" oft mit „Sturm auf eine Festung" übersetzt [1]. Man kann aber auch davon ausgehen, dass das Wort „Bassai" mit dem chinesischen „Pal Che" verwandt ist. Dies kann mit „Auswahl des Besten" oder „Auswahl der besten Mittel" übersetzt werden [7].

Alternative Namen sind Bat-Sai und Bal-Sek, die koreanischen Ausdrücke des Wortes „Bassai".

Hinweise

In vielen Schulen kann man schon als Gelbgurt beginnen, die Bassai-Hyong zu lernen. Gelegentlich ist sie Bestandteil von Danprüfungen.

Die Bassai-Hyong „lebt" vom Wechsel von schnellen und langsamen Techniken und den Richtungswechseln. Sie sollte mit der Vorstellung gelaufen werden, eine „Festung zu verteidigen". Das bedeutet, dass einerseits die Techniken entsprechend kraftvoll und energisch vorgetragen werden sollten, andererseits die Richtungswechsel insbesondere am Anfang sicher beherrscht werden sollten. Bei richtiger Ausführung sind 4 verschiedene Rhythmen zu erkennen:

- Normales Tempo;
- Langsam und kraftvoll (Anfangsbewegung der Arme in Technik 24). Diese sollte betont langsam, aber energisch und kraftvoll ausgeführt werden;
- Schnelle, harte Bewegungen (Blöcke in der Anfangssequenz);
- Schnelle, fließende Bewegungen (Bewegung 10-14).

Die Bassai-Hyong – Zusammenfassung

Die Bassai-Hyong – Schritt für Schritt

Um von einer Position möglichst viel sehen zu können, wird die Bassai-Hyong von rechts gezeigt.

Die Füße sind geschlossen; die linke Hand umschließt die rechte Faust in Gürtelhöhe (Moa-Sogi).

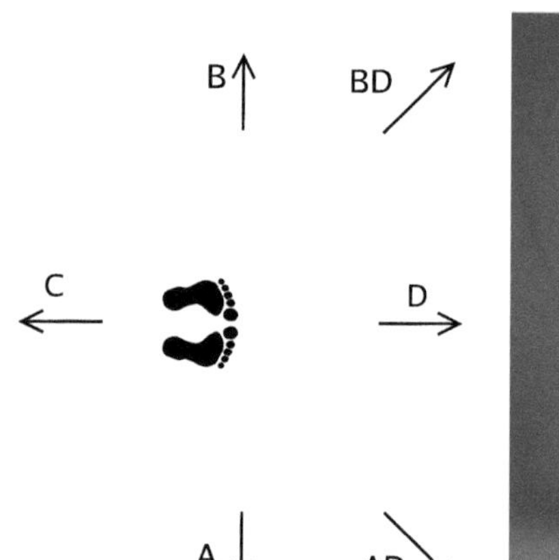

1. Die Fersen heben und den ganzen Körper mit dem Kopf nach links drehen. Der Blick bleibt geradeaus. Dann sich so weit wie möglich langsam nach vorne in Richtung D fallen lassen.

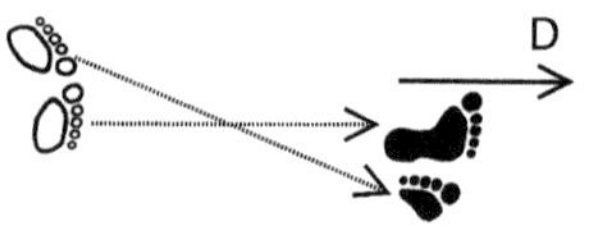

Landen in rechter Kreuzstellung (Kyocha-Sogi). Der rechte Fuß ist ganz auf dem Boden, der linke Fußballen dahinter. Die rechte Hand führt einen Faustrückenschlag aus (Kyocha-Rikwon-Ap-Taerigi).

2.   Den linken, hinteren Fuß nach C absetzen und linke Chongul-Stellung in Rich-
      tung C einnehmen.
      Gleichzeitig Block nach außen mit dem linken Innenunterarm (Chongul-Chung-
      dan-Anpalmok-Yop-Makki).

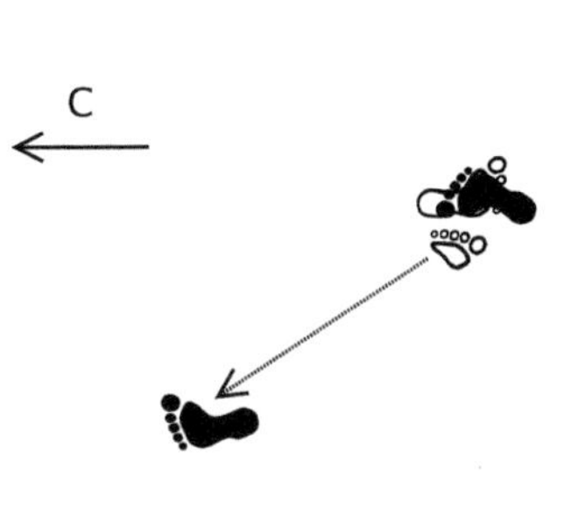

3.   Ohne Stellungswechsel Block nach außen mit dem rechten Innenunterarm
      (Chongul-Chungdan-Anpalmok-Yop-Makki).

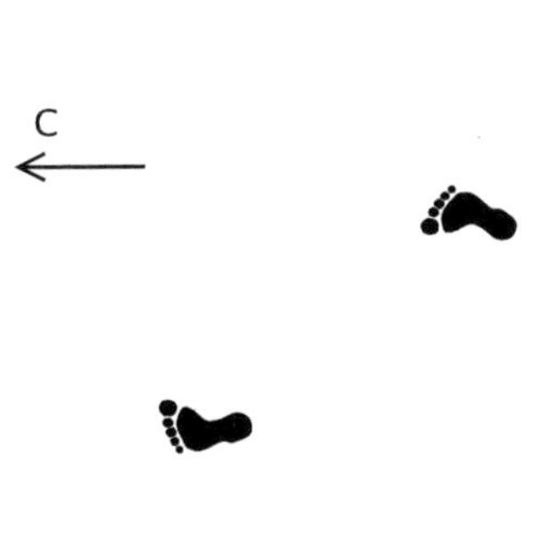

(Bewegung 2 und 3 werden ohne Kommando schnell hintereinander ausgeführt)

4. Auf den Fußballen um 90° nach rechts drehen in eine rechte Chongul-Sogi Richtung B. Gleichzeitig erfolgt ein Block nach innen mit dem linken Außenunterarm (Chongul- Chungdan-Pakkat- Palmok-Anuro-Makki).

B

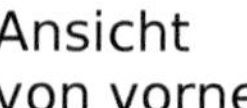

Ansicht von vorne

5. Ohne Stellungswechsel Block nach innen mit dem rechten Außenunterarm (Chongul-Chungdan-Pakkat-Palmok-Anuro-Makki).

B

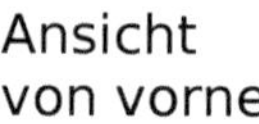

Ansicht von vorne

(Bewegung 4 und 5 werden ohne Kommando schnell hintereinander ausgeführt)

6. Das rechte Knie anheben und dabei das linke Knie
    leicht beugen. Tiefblock (Hadan-Makki) nach rechts
    in Richtung D; der Blick geht ebenfalls nach rechts
    in Richtung D.

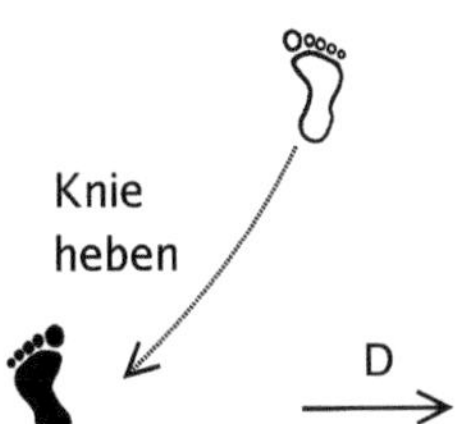

7. Auf dem linken Fuß weiterdrehen und den rechten Fuß in Richtung A absetzen
    zur rechten Chongul-Stellung, dabei Block nach außen mit dem rechten Innen-
    unterarm (Chongul-Chungdan-Anpalmok-Yop-Makki).

8. Ohne Stellungswechsel Block nach außen mit dem linken Innenunterarm
    (Chongul-Chungdan-Anpalmok-Yop-Makki).

(Bewegung 6, 7 und 8 werden ohne Kommando schnell hintereinander ausgeführt)

9.   Beide Füße nach links umsetzen zur Kima-Sogi in Richtung D.
       Die rechte Faust zur Hüfte nehmen, die linke waagerecht vor die Brust führen.

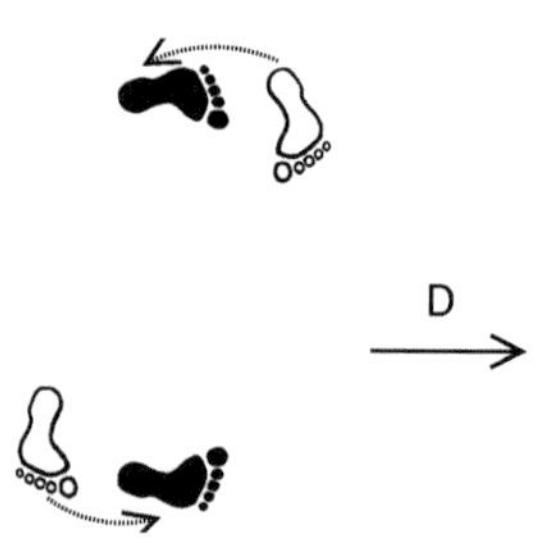

10.   Ohne Stellungswechsel erfolgt ein Handkantenschlag mit der linken Hand
       nach vorne (Sudo-Taerigi).

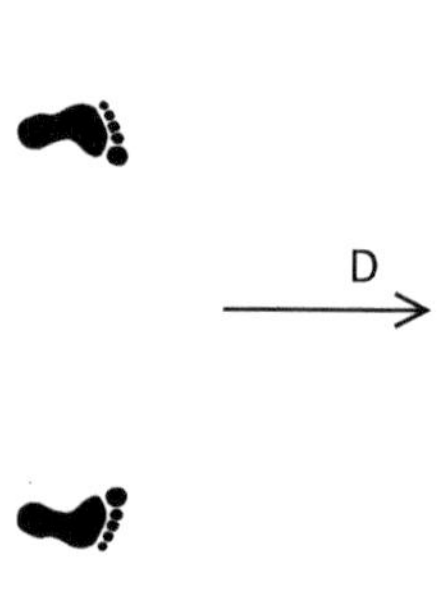

11.   Ohne Stellungswechsel Fauststoß rechts (Kima-Chirugi).

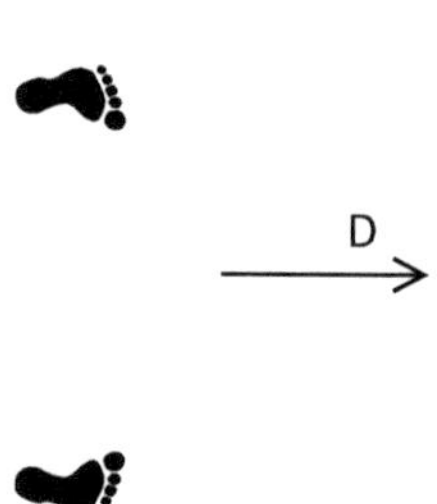

12. Beide Füße nach links um 45° in Richtung BD zu einer linken Chongul-Stellung drehen, dabei Kreisblock rechts nach vorne in Richtung D (Chongul-Tolimyo-Makki).

13. Beide Füße nach rechts zurückdrehen zur Kima-Stellung in Richtung D. Gleichzeitig Fauststoß links in Richtung D (Kima-Chirugi).

14. Beide Füße nach rechts um 45° in Richtung AD zu einer rechten Chongul-Stellung drehen; dabei Kreisblock links nach vorne in Richtung D (Chongul-Tolimyo-Makki).

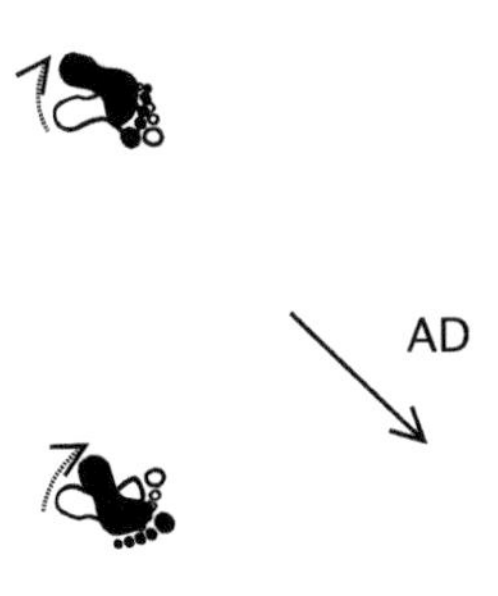

(Die Bewegungen 10 bis 14 werden ohne Kommando hintereinander ausgeführt)

15. Den linken, hinteren Fuß zum rechten Fuß heranziehen; den rechten Fuß in Richtung D absetzen zur linken Hugul-Stellung* in Richtung D. Gleichzeitig erfolgt ein Handkantenblock rechts (Hugul-Sudo-Taebi-Makki).

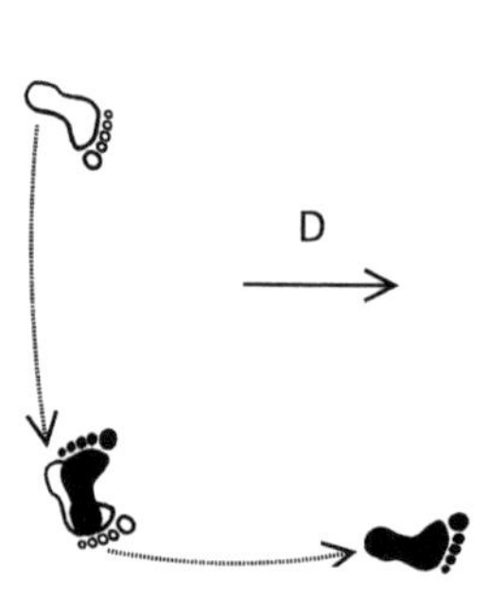

16. Linkes Bein in Richtung D vorsetzen zur rechten Hugul-Stellung, dabei einen Handkantenblock links in Richtung D ausführen (Hugul-Sudo-Taebi-Makki).

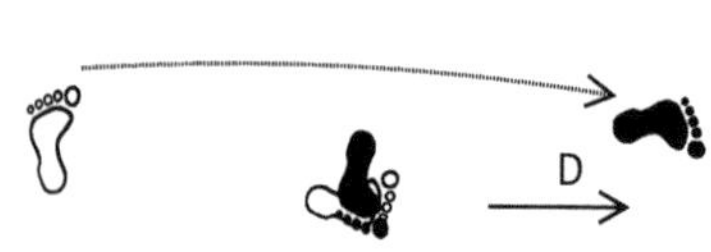

17. Den rechten Fuß in Richtung D absetzen zur linken Hugul-Stellung in Richtung D. Gleichzeitig erfolgt ein Handkantenblock rechts (Hugul-Sudo-Taebi-Makki).

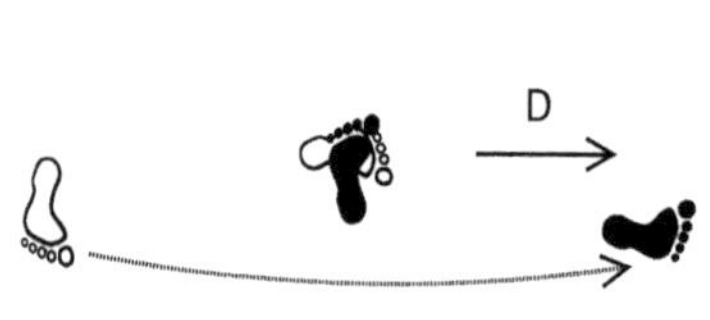

---

* siehe Fußnote nächste Seite.

18. Den rechten Fuß zurücknehmen und dabei weit zurückgleiten. Absetzen in rechter Hugul-Stellung[*], gleichzeitig Handkantenblock links in Richtung D (Hugul-Sudo-Taebi-Makki)

19. Den vorderen Fuß umsetzen zur linken Chongul-Stellung in Richtung D. Zugleich wird die rechte Hand vor die linke geführt.

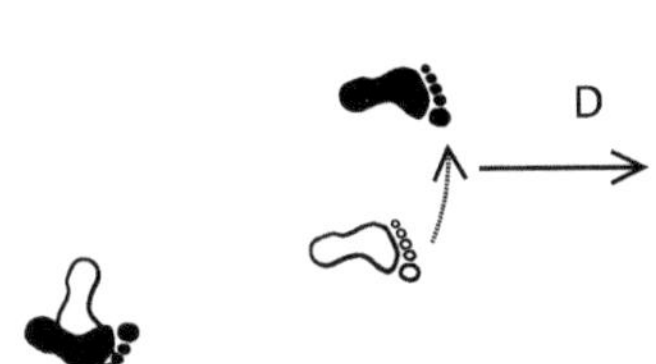

---

[*] Dieses Buch verwendet für die Hugul-Stellung die Richtungsangaben, wie sie in der Taekwon-Do-Literatur üblich sind. Für die Hugul-Stellung ist dabei das hintere Bein maßgeblich.

Das heißt: Bei einer rechten Hugul-Stellung ist das rechte Bein *hinten*; bei einer rechten Chongul-Stellung ist das rechte Bein *vorne*.

20. Einen Seitwärtstritt rechts (Yop-Chagi) in Richtung D ausführen. Die Hände sind dabei geschlossen in Kampfstellung. Den Yop-Chagi mit Kihap ausführen.

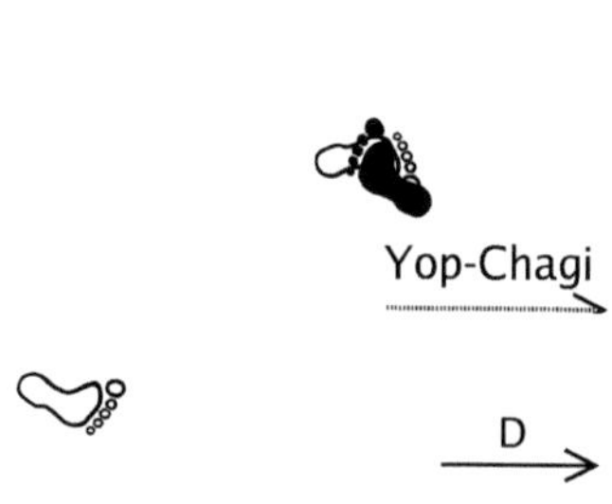

21. Das Kickbein in Richtung D absetzen und in entgegengesetzter Richtung C eine rechte Hugul-Stellung einnehmen. Zugleich erfolgt ein Handkantenblock in Richtung C (Hugul-Sudo-Taebi-Makki).

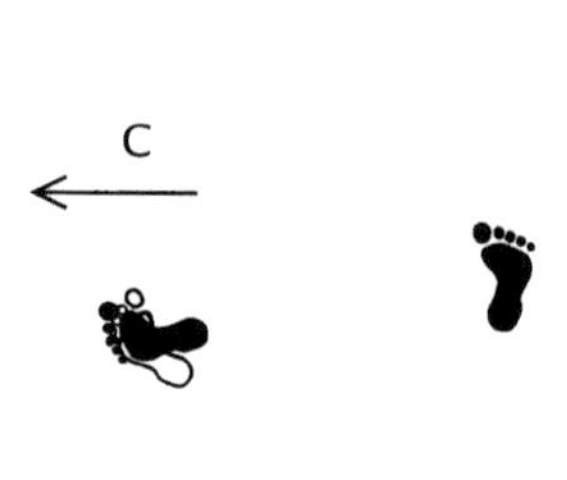

22. Den rechten Fuß vor in Richtung C zu einer linken Hugul-Stellung vorsetzen. Zugleich erfolgt ein Handkantenblock rechts in Richtung C (Hugul-Sudo-Taebi-Makki).

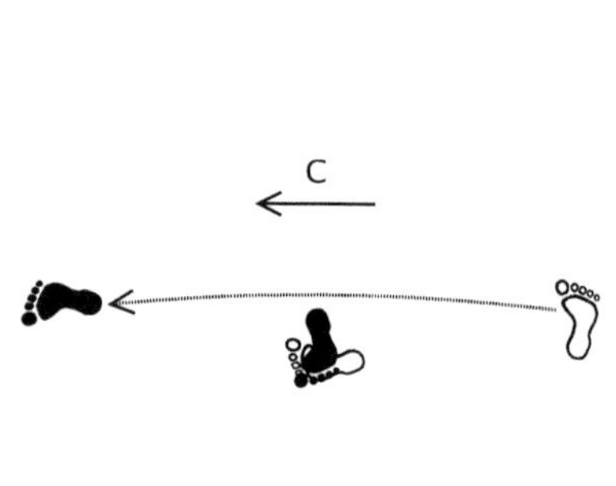

23. Das rechte vordere Bein zum linken zurückziehen und in die Knie gehen. Dabei die Arme zuerst nach unten nehmen und die Hände zur Faust schließen.

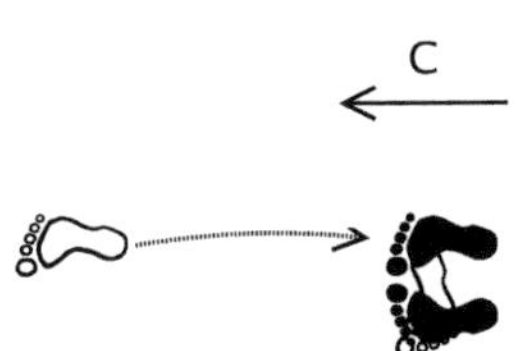

Die Knie durchstrecken und aufrichten, dabei die Fäuste nebeneinander langsam nach oben führen und in Richtung C einen hohen Keilblock (Hechyo-Makki) ausführen. Diesen kraftvoll einrasten.

24. Die Arme anfangs langsam und kraftvoll nach außen bewegen. Dann mit dem rechten Bein einen Stampfschritt nach C ausführen und absetzen in einer rechten Chongul-Stellung. Dabei werden die Fäuste nach vorne zu einem doppelten Faustschlag nach innen (zu den kurzen Rippen des Gegners) geführt   (Chongul-Ssang-Yukwon-Anuro-Taerigi).   Stampfschritt   und Faustschläge erfolgen gleichzeitig.

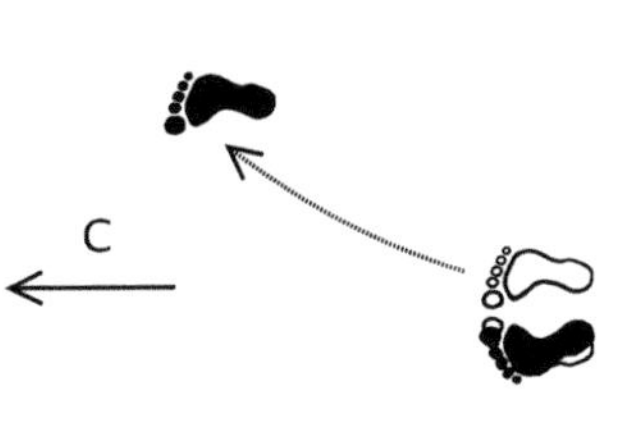

25. Das linke, hintere Bein nach vorne ziehen, einen sprungartigen Gleitschritt möglichst weit nach vorne in Richtung C ausführen und in einer rechten Chongul-Stellung landen. Zugleich erfolgt ein Fauststoß rechts mit Kihap (Chongul-Chungdan-Chirugi).

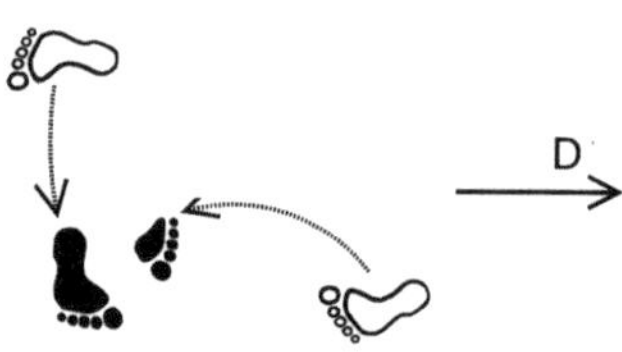

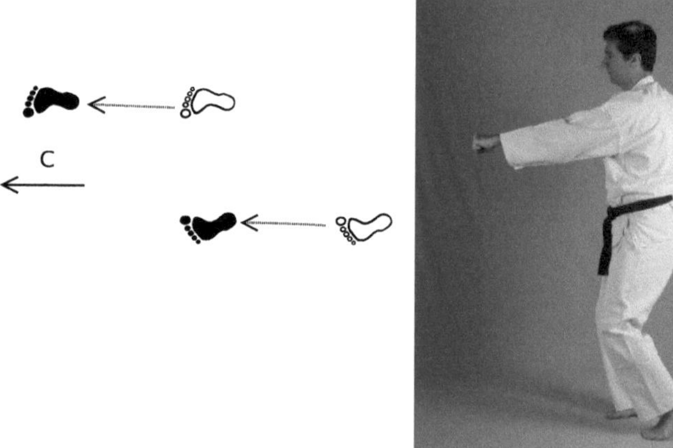

(Die Bewegungen 24 und 25 werden ohne Kommando hintereinander ausgeführt)

26. Das rechte, vordere Bein wird nach innen gesetzt und das linke Bein zu einer Hinterbeinstellung (Dytpal-Sogi) gezogen. Den Oberkörper und den Blick um 180° in Richtung D wenden.

Der rechte Arm holt zum Fingerspitzenstoß aus; die Handfläche zeigt nach außen. Der linke Arm ist gestreckt.

Dann das linke, vordere Bein umsetzen in eine linke Chongul-Stellung in Richtung D, gleichzeitig Fingerspitzenstoß rechts nach unten. Die linke Hand ist an der rechten Schulter (Chongul-Hadan-Pyongkwansu-Tulki).

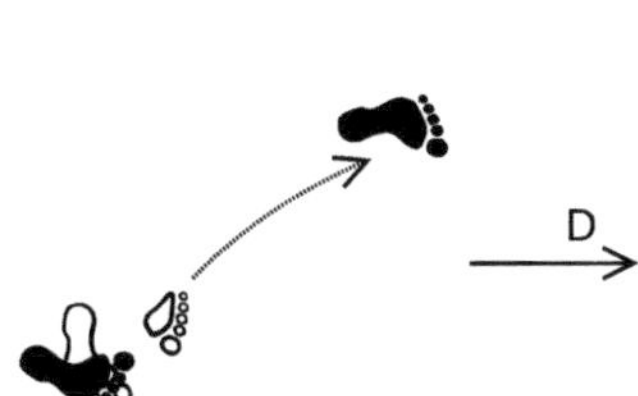

27. Das vordere, linke Bein wird etwas nach innen genommen und eine rechte Hugul-Stellung eingenommen. Gleichzeitig erfolgt mit dem linken, vorderen Arm ein Tiefblock nach vorne in Richtung D und mit dem hinteren Arm ein Faustrückenschlag zum Kopf nach hinten in Richtung C (Hugul-Hadan-Makki und Sangdan-Rikwon-Dyt-Taerigi).

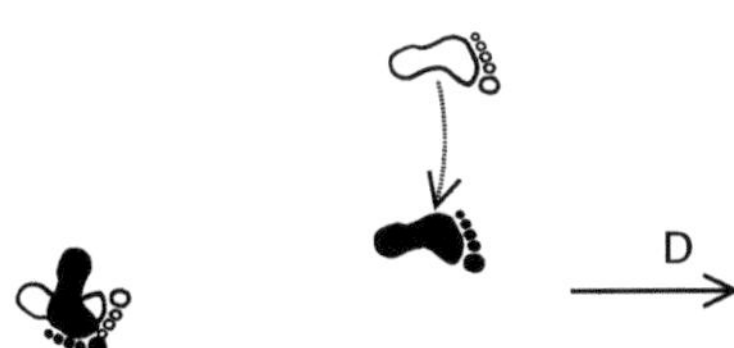

(Die Bewegungen 26 und 27 werden ohne Kommando schnell hintereinander ausgeführt)

28. Mit dem hinteren, rechten Bein einen Fußblock von außen nach innen (An-Pandal-Chagi) in Richtung D ausführen.

29. Absetzen mit einem Stampfschritt in einer Kima-Stellung in Richtung B. Mit dem Stampfen gleichzeitig einen Tiefblock mit dem rechten Arm nach rechts in Richtung D ausführen (Kima-Hadan-Makki). Der Blick ist nach rechts gerichtet.

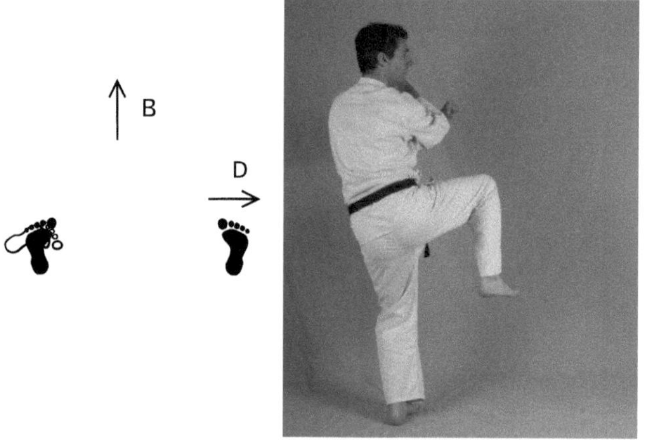

30. Der Blick geht nach links und ohne Stellungswechsel erfolgt ein Handrückenschlag links in Richtung C.

(Die Bewegungen 28, 29 und 30 werden ohne Kommando hintereinander ausgeführt)

31. Mit der rechten Fußinnenkante in die linke offene Handfläche schlagen (An-Pandal-Chagi); die Stellung der Hände bleibt dabei unverändert.

32. Mit dem Absetzen des rechten Fußes wird eine Kima-Stellung in Richtung A eingenommen. Zugleich erfolgt ein Ellenbogenschlag rechts in die linke offene Handfläche (Kima-Palkup-Ap-Tulki).

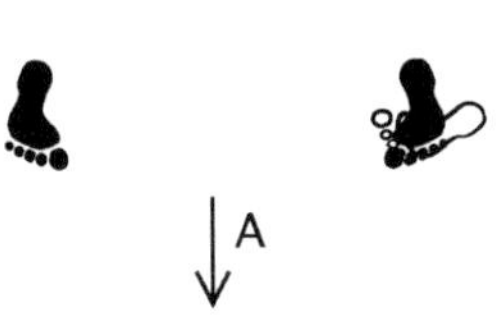 

(Die Bewegungen 31 und 32 werden ohne Kommando hintereinander ausgeführt)

33. Die Stellung bleibt unverändert. Ausholen wie gezeigt und einen Block mit dem rechten Außenunterarm nach innen ausführen (Kima-Hadan-Pakkat-Palmok-Anuro-Makki). In der Endstellung zeigt der Faustrücken nach unten; die linke Faust ist an der rechten Schulter.

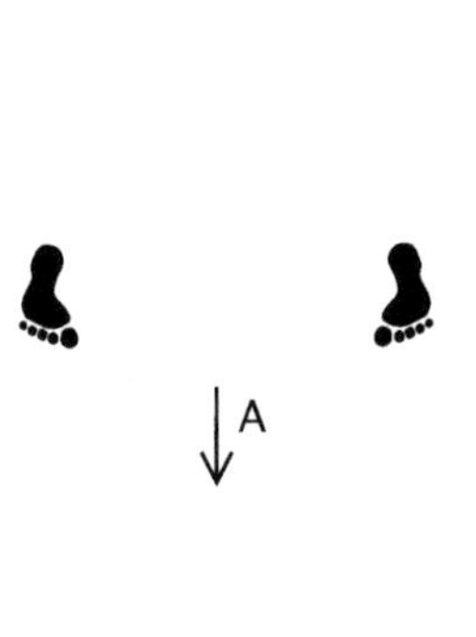  

34. Die Stellung bleibt unverändert. Noch einmal ausholen wie gezeigt und einen Block mit dem rechten Außenunterarm nach innen ausführen (Kima-Hadan-Pakkat-Palmok-Anuro-Makki).

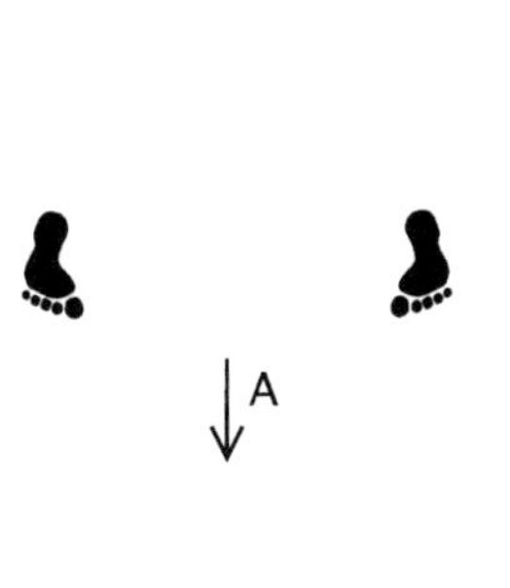  

35. Das rechte Bein in Richtung C zu einer rechten Chongul-Stellung umsetzen.
     Die linke Faust ist an der Hüfte, die rechte Faust waagerecht vor der Brust.

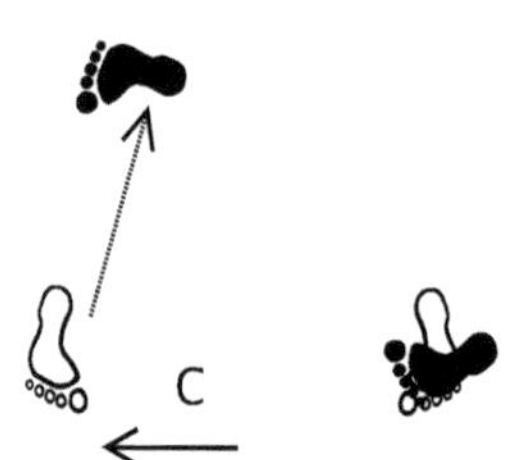 

(Die Bewegungen 33, 34 und 35 werden ohne Kommando hintereinander ausgeführt)

36. Den rechten, vorderen Fuß zuerst zurückziehen in eine Hinterbeinstellung
     (Dytpal-Sogi). Die Fäuste zum Ausholen an die Seite führen.

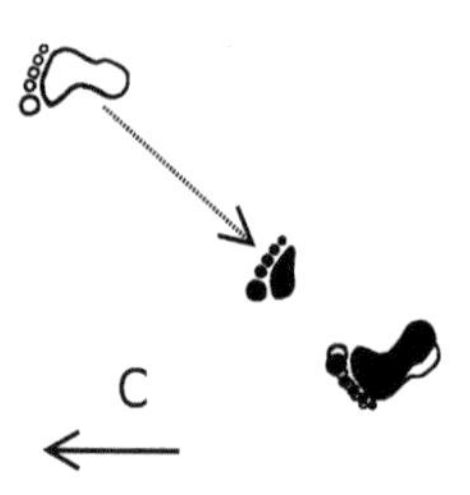 

Dann vorne in einer linken Hugul-Stellung absetzen. Zugleich erfolgen zwei
Fauststöße unten und oben (Hugul-Tigutcha-Chirugi).

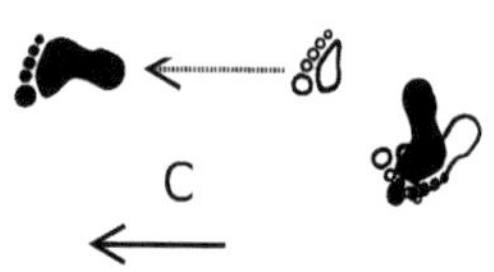 

37. Den vorderen Fuß zurücknehmen und eine geschlossene Stellung einnehmen
     (Moa-Sogi). Zugleich die rechte Faust zur Hüfte und die linke Faust vor die
     Brust nehmen.

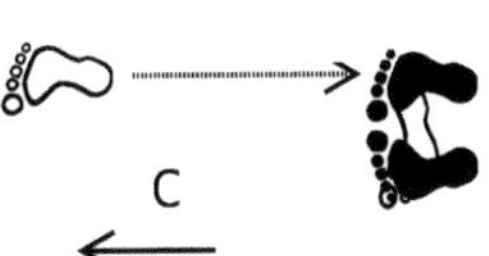

(Die Bewegungen 36 und 37 werden ohne Kommando hintereinander ausgeführt)

38. Aus dieser Stellung heraus einen Fußfeger mit der linken Fußsohle in Richtung
     C ausführen.

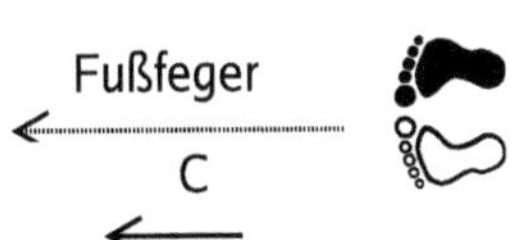

39. Das Bein vorne in Richtung C absetzen und eine rechte Hugul-Stellung einneh-
     men. Zugleich erfolgen zwei Fauststöße unten und oben (Hugul-Tigutcha-
     Chirugi).

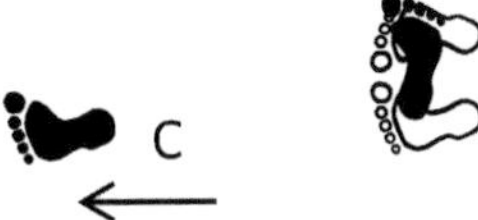

40. Den vorderen Fuß zurücknehmen und eine geschlossene Stellung einnehmen (Moa-Sogi). Zugleich die linke Faust zur Hüfte und die rechte Faust vor die Brust nehmen.

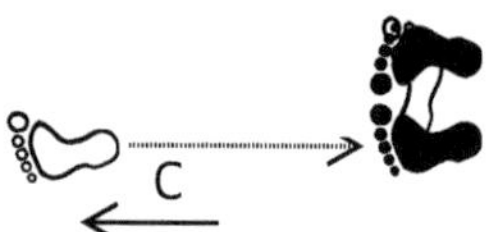

(Die Bewegungen 38, 39 und 40 werden ohne Kommando hintereinander ausgeführt)

41. Aus dieser Stellung heraus einen Fußfeger mit der rechten Fußsohle in Richtung C ausführen.

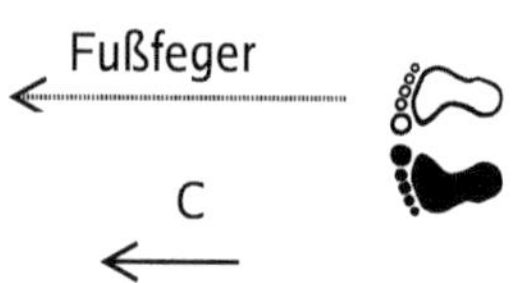

42. Das rechte Bein vorne in Richtung C absetzen und eine linke Hugul-Stellung einnehmen. Zugleich erfolgen 2 Fauststöße unten und oben (Hugul-Tigutcha-Chirugi).

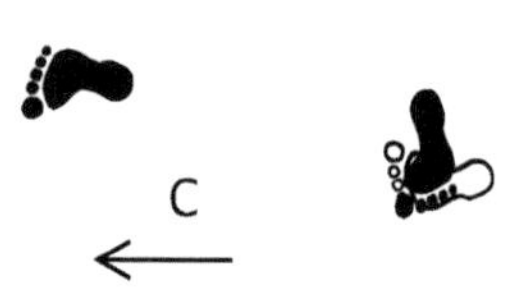

(Die Bewegungen 41 und 42 werden ohne Kommando hintereinander ausgeführt)

43. Den hinteren, linken Fuß zum rechten heranziehen und den rechten Fuß in Richtung A absetzen. Dabei eine linke Chongul-Stellung in 45°-Richtung (Richtung BD) einnehmen. Zugleich erfolgt ein Kreisblock (Tolimyo-Makki) rechts nach vorne in Richtung D.

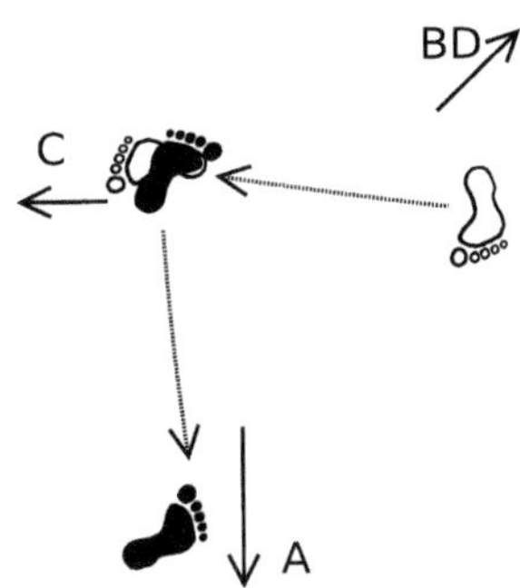

44. Die Füße und der Oberkörper drehen sich nach rechts, so dass eine rechte Chongul-Stellung in 45°-Richtung (Richtung AD) entsteht. Zugleich erfolgt ein Kreisblock (Toliymo-Makki) links nach vorne in Richtung D.

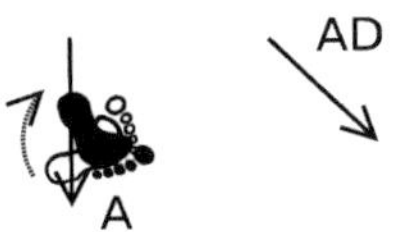

45. Den rechten Fuß an den linken heranziehen und den linken Fuß in Richtung BD zu einer rechten Hugul-Stellung absetzen. Gleichzeitig erfolgt ein Handkantenblock links in Richtung BD (Hugul-Sudo-Taebi-Makki).

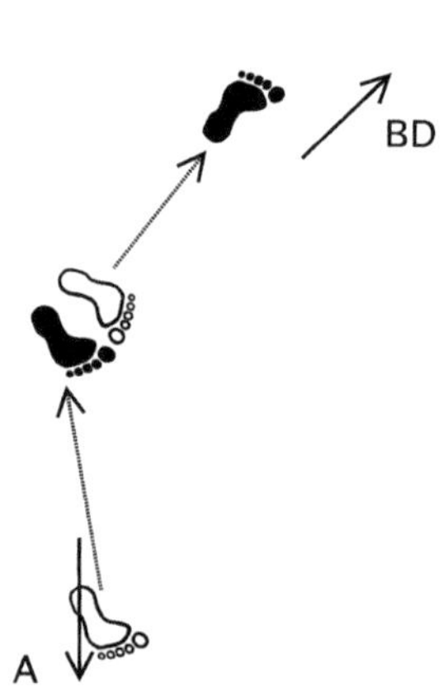

46. Den linken Fuß an den rechten heranziehen und den rechten Fuß in Richtung AD zu einer linken Hugul-Stellung absetzen. Gleichzeitig erfolgt ein Handkantenblock rechts in Richtung AD (Hugul-Sudo-Taebi-Makki).

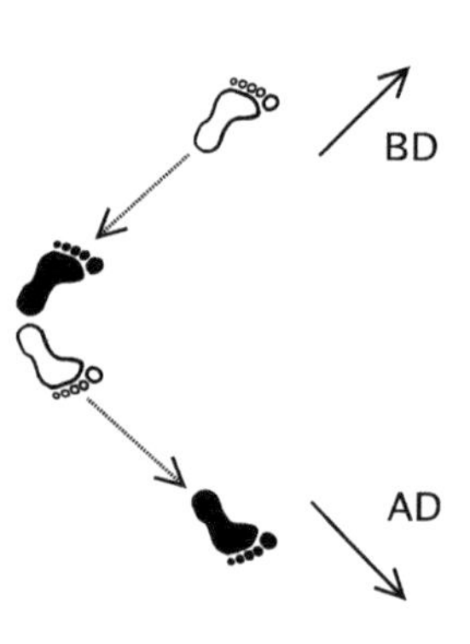

47. Den rechten Fuß an den linken heranziehen und den linken Fuß nach vorne in Richtung D zu einer rechten Hugul-Stellung absetzen. Gleichzeitig erfolgt ein Handkantenblock links in Richtung D (Hugul-Sudo-Taebi-Makki) – mit Kihap.

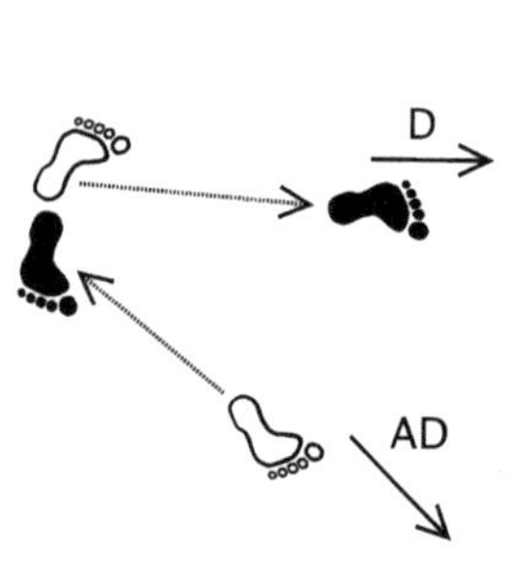

Das linke Bein zurückziehen zur Ausgangsstellung (Moa-Sogi).

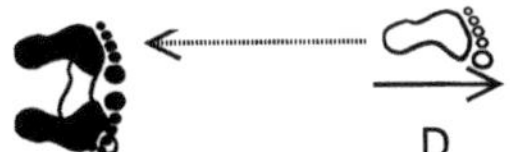

Anwendungen

Beim Üben von Hyong-Anwendungen liegt der Schwerpunkt auf dem Einsatz von grundschulmäßigen Bewegungen und Techniken. Dabei spielen Distanzgefühl und Bewegungsrhythmus eine große Rolle.

Hier folgen einige Anwendungsbeispiele aus der Bassai-Hyong.

Bewegung 2-3

Eine mögliche Anwendung besteht darin, zwei Faust-stöße abzuwehren (Abbildung a und b).

a

b

Variante

c

d

e

Eine alternative Erklärung:

Abbildung c: Ein rechter Fauststoß zum Kinn wird links geblockt.

Abbildung d: Einhaken des rechten Arms am Oberarm des Angreifers.

Abbildung e: Hebeln des Arms.

Bewegung 5-6

a   b   c

Abbildung a: Der rechte Fauststoß des Angreifers wird mit einem Block nach innen abgewehrt.

Abbildung b: Das Handgelenk des Angreifers wird gefasst und nach rechts unten gezogen.

Abbildung c: Kniestoß rechts in die Rippen.

Variante

d   e

Abbildung d: Der Angreifer versucht, das rechte, vordere Bein zu fassen und den Verteidiger dadurch zu Fall zu bringen.

Abbildung e: Das Bein nach oben wegziehen: gleichzeitig Konter mit der rechten Hammerfaust.

Bewegung 10-14

a

b

c

d

e

Abbildung a: Ein Angriff mit der rechten Faust wird mit der linken Handkante geblockt.

Abbildung b: Konter mit Fauststoß rechts.

Abbildung c: Ein weiterer Angriff wird mit Kreisblock rechts abgewehrt.

Abbildung d: Konter mit Fauststoß links

Abbildung e: Der dritte Angriff wird mit Kreisblock links geblockt.

Bewegung 19 und 20

a

b

c

d

Abbildung a: Ein Angriff mit der rechten Faust zum Kopf wird mit einem Handkantenblock abgewehrt.

Abbildung b: Der Angreifer fasst das Handgelenk.

Abbildung c: Mit der rechten Hand wird das Handgelenk des Angreifers gegriffen.

Abbildung d: Seitwärtstritt in die seitlichen Rippen.

Bewegung 23-25

a

b

c

d

Abbildung a: Keilblock gegen Würgen oder Kragen fassen.

Abbildung b: Der Angreifer wird mit einem Kniestoß angegriffen.

Abbildung c: Er weicht zurück und wird mit doppeltem Faustschlag in die Rippen und ...

Abbildung d: einem Fauststoß rechts angegriffen.

Bewegung 30-33

a   b   c

Ansicht von der anderen Seite

a   b   c

Abbildung a: Der Angreifer greift mit Fauststoß links an. Abwehr mit der offenen Handfläche.

Abbildung b: Die Handfläche wird nach vorne geschoben und fasst den Kopf des Angreifers. Konter mit Pandal-Chagi.

Abbildung c: Abschluss mit Ellenbogenschlag.

Die Naihanchi-Hyong

Hintergrund

Die Naihanchi-Hyong hat wie die Bassai-Hyong ihren Ursprung in China, von wo aus sie ebenfalls zunächst nach Okinawa gelangte. Die im 19. Jahrhundert auf Okinawa bekannt gewordene Version hatte mehr als 100 Bewegungen. Es war wiederum der okinawanische Karate-Meister Anko Itosu, der Ende des 19. Jahrhunderts diese Ur-Naihanchi in drei Formen aufteilte, um sie leichter erlernbar zu machen und sie damit in den Sportunterricht integrieren zu können. So entstanden die Formen Naihanchi-Shodan, Naihanchi-Nidan und Naihanchi-Sandan. Als Gichin Funakoshi um 1922 das Karate von Okinawa nach Japan brachte, benannte er die drei Naihanchi-Formen aus Rücksicht auf den damaligen japanischen Nationalismus um in Tekki („Eiserner Reiter") [2].

In dieser Form gelangten die drei Naihanchi/Tekki-Formen auch nach Korea. Choi, Hong-Hi und Hwang Kee übernahmen sie nach dem Ende der japanischen Besatzung in das neu geschaffene Taekwon-Do bzw. Tang Soo Do.

Die erste der drei Formen, Tekki-Shodan oder Naihanchi-Shodan, ist die Form, die im Taekwon-Do als Naihanchi bekannt ist.

Der Name „Naihanchi" wird oft mit „seitwärts kämpfen" übersetzt. Manchmal wird diese Hyong auch Tscheolgi-Hyong genannt. Tscheolgi (auch: Cholgi) ist die koreanische Übersetzung des japanischen „Tekki", bedeutet also „Eiserner Reiter".

Hinweise

Die einzigen Stellungen in der Naihanchi-Hyong sind Kima-Sogi und als Übergangsstellung Kyocha-Sogi, bei der der hintere Fuß auf dem Fußballen steht. Mit den Stampfschritten soll die dabei auszuführende Handtechnik verstärkt werden.

Bei den Stellungen mit den übereinanderliegenden Fäusten sind zwei Situationen zu unterscheiden. Die obere Faust ist in den Ausholbewegungen (Nummer 4, 15, 19 und 30) senkrecht. In den Bewegungen 6 und 21 wird hingegen ein kreisförmiger Fauststoß gemacht. Dabei ist die Faust waagrecht.

Wichtig bei dieser Hyong ist, dass der Wechsel der Blickrichtungen betont ausgeführt wird.

Außerdem sollte bei den Seitwärtstechniken die Kima-Stellung nicht „verdreht" werden, das heißt, die Hüfte und der Gürtelknoten zeigen möglichst nach vorne und nicht zur Seite.

Ebenso sollte der Körperschwerpunkt während der Ausführung immer auf der gleichen Höhe bleiben. Das bedingt, dass die Fußschwünge in den Bewegungen 11, 13, 26 und 28 ohne Gewichtsverlagerung ausgeführt werden.

Aus diesem Grund muss die Naihanchi sehr lange geübt werden, bis man sie kraftvoll und flüssig laufen kann.

Wird die Naihanchi ohne Kommando ausgeführt, sollte in der ersten Hälfte das Hauptaugenmerk auf die korrekte Ausführung der Technik gelegt werden. Die zweite Hälfte sollte mehr tempobetont sein.

Die Naihanchi-Hyong – Zusammenfassung

Die Naihanchi-Hyong – Schritt für Schritt

Die Füße sind geschlossen (Moa-Sogi). Die linke Hand ist vor der rechten Hand; die Finger und die Daumen liegen übereinander. Der Zwischenraum zwischen den Händen sollte ein Dreieck beschreiben.

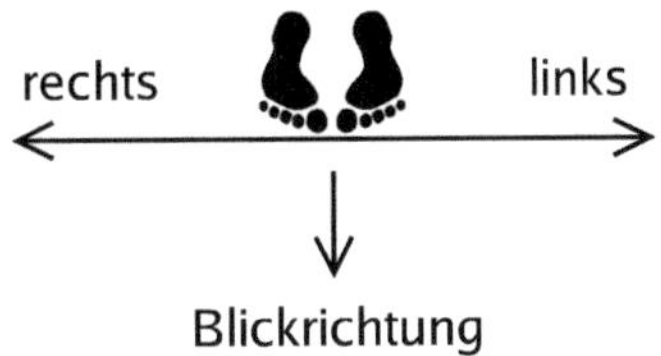

1. Den linken Fuß langsam etwas anheben, dann rechts neben dem rechten Fuß in eine Kreuzstellung (Kyocha-Sogi) absetzen und betont „einrasten". Die linke Fußsohle ist ganz am Boden, der rechte Fuß berührt nur mit dem Ballen den Boden.

    Mit dem Absetzen geht der Blick nach rechts.

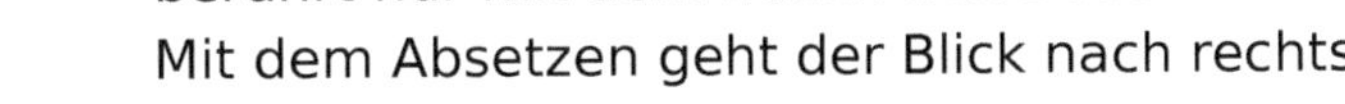

2. Das rechte Knie anheben und mit einem Stampfschritt nach rechts absetzen in
    Kima-Stellung. Gleichzeitig Block mit der Innenhandkante nach rechts (Kima-
    Yok-Sudo-Yop-Makki).

3. Die rechte Hand öffnen und mit dem linken Ellenbogen in die rechte offene
    Hand schlagen. Beine und Hüfte verändern dabei nicht ihre Position (Kima-Pal-
    kup-Ap-Tulki).

4. Der Blick geht von rechts nach links; die rechte Hand wird zur Faust und geht in Ausgangsstellung an die rechte Seite; der linke Arm wird waagerecht vor die Brust geführt. Die linke Faust ist dabei senkrecht.

5. Mit dem linken Arm einen Tiefblock nach links ausführen (ohne Gegenbewegung). Der rechte Arm bleibt in der Ausgangsstellung (Kima-Hadan-Makki).

6. Mit der rechten Faust einen Faustschlag nach links ausführen. Der Unterarm ist waagerecht vor der Brust; die Faust ist waagerecht (Kima-Tollyo-Chirugi).

7.   Der Blick geht von links nach vorne.

Der rechte Fuß setzt nach links zu einer Kreuzstellung (Kyocha-Sogi) um. Der linke Fußballen und die rechte Fußsohle sind am Boden.

Der rechte Arm ist an der linken Hüfte (Ausholbewegung); der linke Arm an der rechten Schulter.

Das linke Knie anheben und einen Stampfschritt nach links ausführen. Absetzen in Kima-Stellung. Dabei Block nach vorne mit dem rechten Innenunterarm (Kima-Chung-dan-Anpalmok-Ap-Makki).

8. Ohne Stellungswechsel mit dem linken Arm einen Block mit der Außenseite nach innen ausführen (Kima-Hadan-Pakkat-Palmok-Anuro-Makki). Der rechte Arm wird zur linken Schulter gezogen.

9. Ohne Stellungswechsel Tiefblock rechts nach vorne (Kima-Hadan-Makki). Gleichzeitig wird der linke Arm nach hinten gezogen (Ausholbewegung).

10. Ohne Stellungswechsel erfolgt ein Faustrückenschlag links nach vorne in Kopfhöhe. Die rechte Faust wird zum linken Ellenbogen geführt (Kima-Sangdan-Rikwon-Ap-Taerigi).

(Bewegung 8, 9 und 10 werden ohne Kommando ausgeführt)

11. Zuerst wird der Kopf nach links gedreht und die linke Fußsohle nach innen oben gezogen. Der Körperschwerpunkt wird dabei nicht verlagert. Die Stellung der Arme bleibt unverändert.

12. Wieder absetzen in Kima-Stellung. Mit dem linken Außenunterarm wird ein Block nach links ausgeführt. Die rechte Faust bleibt am linken Ellenbogen. Den Oberkörper so weit wie möglich nach links drehen. Beine und Hüfte verändern dabei nicht ihre Position. Der Gürtelknoten zeigt nach vorne (Kima-Pakkat-Palmok-Yop-Makki).

13. Der Kopf wird nach rechts gedreht und die rechte Fußsohle nach innen oben gezogen. Der Körperschwerpunkt wird dabei nicht verlagert. Die Stellung der Arme bleibt unverändert.

14. Wieder absetzen in Kima-Sogi. Mit dem linken Außenunterarm wird ein Block nach rechts ausgeführt. Die rechte Faust bleibt am linken Ellenbogen. Den Oberkörper so weit wie möglich nach rechts drehen; Beine und Hüfte verändern dabei nicht ihre Position. Der Gürtelknoten zeigt nach vorne (Kima-Pakkat-Palmok-Anuro-Makki).

15. Ohne Stellungsänderung den Blick von rechts nach links wenden. Der linke Arm wird vor die Brust geführt und die linke Faust ist senkrecht (Ausholbewegung); die rechte Faust geht in Ausgangsstellung an die rechte Seite.

16. Ohne Stellungswechsel mit der rechten Faust einen horizontalen Faustschlag nach links und mit dem linken Arm einen Fauststoß ausführen (Kima-Tollyo-Chirugi, Kima-Chungdan-Chirugi).

– Mit Kihap –

17. Ohne Stellungswechsel erfolgt ein Block mit der Innenhandkante nach links (Kima-Yok-Sudo-Yop-Makki).

18. Die linke Hand öffnen; mit dem rechten Ellenbogen in die linke offene Hand schlagen. Beine und Hüfte verändern dabei nicht ihre Position (Kima-Palkup-Tulki).

19. Der Blick geht von links nach rechts; die linke Hand wird zur Faust und geht in Ausgangsstellung an die linke Seite; der rechte Arm wird waagerecht vor die Brust geführt. Die rechte Faust ist dabei senkrecht.

20. Mit dem rechten Arm einen Tiefblock nach rechts (ohne Gegenbewegung) ausführen. Der linke Arm bleibt in der Ausgangsstellung (Kima-Hadan-Makki).

21. Mit der linken Faust einen Faustschlag nach rechts ausführen. Der Unterarm ist waagerecht vor der Brust; die Faust ist waagerecht (Kima-Tollyo-Chirugi).

22. Der Blick geht von rechts nach vorne. Der linke Fuß setzt nach rechts zu einer Kreuzstellung (Kyocha-Sogi) um. Der rechte Fußballen und die linke Fußsohle sind am Boden. Der linke Arm ist an der rechten Hüfte (Ausholbewegung); der rechte Arm an der linken Schulter.

Das rechte Knie anheben und einen Stampfschritt nach rechts machen. Absetzen in Kima-Stellung. Dabei Block nach vorne mit dem linken Innenunterarm (Kima-Chungdan-Anpalmok-Ap-Makki).

23. Ohne Stellungswechsel mit dem rechten Arm einen Block mit der Außenseite nach innen ausführen (Kima-Hadan-Pakkat-Palmok-Anuro-Makki). Der linke Arm wird zur rechten Schulter gezogen.

24. Ohne Stellungswechsel Tiefblock links nach vorne (Kima-Hadan-Makki). Gleichzeitig wird der rechte Arm nach hinten gezogen (Ausholbewegung).

25. Ohne Stellungswechsel einen Faustrückenschlag rechts nach vorne in Kopfhöhe
ausführen. Die linke Faust wird zum rechten
Ellenbogen geführt. (Kima-Sangdan-Rikwon-
Ap-Taerigi)

(Bewegung 23, 24 und 25 werden ohne
Kommando ausgeführt)

26. Zuerst wird der Kopf nach rechts gedreht
und die rechte Fußsohle nach innen oben
gezogen. Der Körperschwerpunkt wird dabei
nicht verlagert. Die Stellung der Arme bleibt
unverändert.

27. Wieder absetzen in Kima-Stellung. Mit dem
rechten Außenunterarm wird ein Block nach
rechts ausgeführt. Die linke Faust bleibt am
rechten Ellenbogen. Den Oberkörper so weit
wie möglich nach rechts drehen; Beine und
Hüfte verändern dabei nicht ihre Position.
Der Gürtelknoten zeigt nach vorne (Kima-
Pakkat-Palmok-Yop-Makki).

28. Der Kopf wird nach links gedreht. Die linke
     Fußsohle wird nach innen oben gezogen. Der
     Körperschwerpunkt wird dabei nicht verla-
     gert. Die Stellung der Arme bleibt unverän-
     dert.

29. Wieder absetzen in Kima-Stellung. Mit dem
     rechten Außenunterarm wird ein Block nach
     links ausgeführt. Die linke Faust bleibt am
     rechten Ellenbogen. Den Oberkörper so weit
     wie möglich nach links drehen. Beine und
     Hüfte verändern dabei nicht ihre Position.
     Der Gürtelknoten zeigt nach vorne. (Kima-
     Pakkat-Palmok-Anuro-Makki)

30. Ohne Stellungsänderung den Blick von links
     nach rechts wenden. Der rechte Arm wird
     vor die Brust geführt und die rechte Faust ist
     senkrecht (Ausholbewegung); die linke Faust
     geht in Ausgangsstellung an die linke Seite.

31. Ohne Stellungswechsel mit der linken Faust einen horizontalen Faustschlag nach rechts und mit dem rechten Arm einen Fauststoß ausführen (Kima-Tollyo-Chirugi, Kima-Chung-dan-Chirugi).

– Mit Kihap –

Den rechten Fuß zum linken Fuß heranziehen. Die Hände vor der Brust zusammenführen. Solange das rechte Bein in Bewegung ist, bleibt der Blick dabei rechts und der Körperschwerpunkt tief.

Wenn die Füße zusammengeführt sind, zurück in die Ausgangsstellung (Moa-Sogi).

Anwendungen

Der eigentliche Sinn der Bewegungen, der vermutlich aus Griffen, Hebeln und Angriffen auf Vitalpunkte bestand, ist über die Jahrhunderte verlorengegangen und nicht überliefert [1]. Heutzutage werden die Bewegungen der Naihanchi als Block- und Schlagtechniken interpretiert.

Hier folgen auszugsweise einige Anwendungen aus der Naihanchi-Hyong. Sie sind als Beispiele zu verstehen, wie diese aussehen könnten.

Bewegung 2-3

Abbildung a: Mit der Hand-innenkante wird ein Faust-angriff geblockt.

Abbildung b: Die Hand schiebt weiter nach vorne und fasst den Kopf des Angreifers. Mit dem linken Arm wird ein Ellenbogen-schlag ausgeführt.

a

b

Bewegung 4-5

Abbildung a: Der Angreifer greift mit einem rechten Vorwärtstritt (Ap-Chagi) an. Der wird mit einem Tiefblock links (Hadan-Makki) abgewehrt.

Abbildung b: Der Angreifer setzt den Fuß vorne ab. Konter mit Kreisfauststoß (Kima-Tollyo-Chirugi).

a

b

Bewegung 7-10

a

b

Abbildung a: Der Fauststoß-Angriff wird mit mit dem rechten Innenunterarm geblockt.

Abbildung b: Ein weiterer Fauststoß zur Unterstufe wird mit dem linken Innenunterarm abgewehrt.

c

d

Abbildung c: Der dritte Fauststoß zur Unterstufe wird mit dem rechten Unterarm geblockt, dabei wird gleichzeitig zum Faustrückenschlag links ausgeholt.

Abbildung d: Konter mit Faustrückenschlag links.

Variante

a

b

Abbildung a: Der Faust-stoß-Angriff wird mit mit dem rechten Innenunter-arm geblockt.

Abbildung b: Ein weiterer Fauststoß zur Unterstufe wird mit dem linken Innenunterarm abge-wehrt.

Abbildung c: Der zweite Fauststoß wird mit dem Unterarm nach links weitergeleitet. Das erschwert dem Angreifer, mit dem linken Arm anzugreifen. Gleichzeitig wird auch hier mit dem linken Arm zum Faustrückenschlag ausgeholt.

Abbildung d: Konter mit Faustrückenschlag links.

c   *c*

Bewegung 11+12

a   *b*

Abbildung a: Der Angreifer greift mit einem Seitwärtstritt das linke Knie an. Ausgewichen wird, indem der Unterschenkel nach innen gezogen wird. Alternativ kann der Angriff auch ein Fußfeger oder Low-Kick gegen das Knie sein.

Abbildung b: Der Angreifer setzt den Fuß vorne ab und versucht einen Fauststoß links. Der wird mit dem linken Außenunterarm geblockt. Genauso gut kann diese Bewegung als Konter mit der Hammerfaust gegen die Schläfe interpretiert werden.

Literatur

[1] Habersetzer, Roland: Koshiki Kata - Die klassischen Kata des Karatedô. Chemnitz 2005

[2] Lind, Werner: Karate - Die klassische Kata. Bern, München, Wien 1995

[3] Hielscher, Gebhard: 38mal Korea. München 1988

[4] Choi, Hong-Hi: Taekwon-Do - The Art of Self-Defence. Seoul 1965

[5] Hwang Kee: The History of Moo Duk Kwan. Seoul/Springfield, NJ 1996

[6] Faber, Ulrich; Hartl, Josef: Taekwon-Do im Westen. München 1985

[7] Shin, Jae-Chul: Traditional Tang Soo Do, Volume II: The Basics. Philadelphia 1994

Danksagungen

Ich möchte mich besonders bedanken bei denen, die zur Entstehung dieses Buches beigetragen haben:

bei Großmeister Song, Chae-Yong (7. Dan) für seine Unterstützung und seine wichtigen Hinweise;

bei meinem Lehrer Jürgen Englerth (6. Dan), der mir mit Rat und Tat zur Seite stand, mich mit Literatur versorgte und mir wertvolle Tipps gab;

bei Max Kolb (3. Dan), der maßgeblich am Zustandekommen der Fotosessions beteiligt war und sich als Partner für die Anwendungen zur Verfügung gestellt hat;

beim Klaus Moosmang für seinen Einsatz als Fotograf;

den Korrekturleserinnen Ursula Gawlick (2. Dan), Angela Boschert (1. Dan) und Anja von Bestenbostel;

und nicht zuletzt der Designerin Steffi Krause (1. Dan) für die Gestaltung des Buch-Covers.

Über den Autor

Wolfgang Behounek, 4. Dan, unterrichtet traditionelles Taekwon-Do bei Siemens Active München (SAM). Er begann 1984, im Alter von 16 Jahren, mit dem Taekwon-Do-Training. Seine Lehrer waren zuerst Wenzel Svach und später Jürgen Englerth, beide Schüler von Song, Chae-Yong.

Glossar

Koreanische Taekwon-Do-Ausdrücke

A

An	Innenseite
Anpalmok	Innenunterarm
Anuro	von außen nach innen
Ap	vorwärts
Ap-Chagi	Vorwärtstritt
Ap-(Cha-)Olligi	Fußschwung vorwärts

C

Chagi	Fußtritt
Changkwon	Gerade Faust
Chariot	Achtung
Chayo-Taeryon	Freikampf
Chi-o	ausruhen
Chirugi	(Faust)-Stoß
Chongul Sogi	Vorwärtsstellung
Chongkwansu	Fingerspitzen (senkrecht)
Chukyo	aufwärts
Chunbi	Grundstellung einnehmen
Chungdan	mittlere Stufe (zwischen Gürtellinie und Hals)

D

Dan	Stufe, Grad
Dobok	Taekwon-Do-Trainingsanzug
Dojang	Übungsraum
Dyt	nach hinten
Dytpal-Sogi	Hinterbeinstellung

G

Guman	Ende, Schluss
Gwansu	Fingerspitzen
Gyesok	weiterkämpfen (im Freikampf)

H

Hadan	untere Stufe (unterhalb Gürtellinie)
Hechyo	keilförmig
Hosinsul	Taekwon-Do-Selbstverteidigung
Hugul-Sogi	Rückwärtsstellung

I

Ilbo-Taeryon	Ein-Schritt-Kampf

K

Kallyo	unterbrechen (im Freikampf)
Kihap	Kampfschrei
Kima-Sogi	Seitwärtsstellung
Kup	Stufe
Kolchyo	hakenförmig
Kwon	Faust
Kyekpa	Bruchtest
Kyocha	über Kreuz
Kyocha-Sogi	Kreuzstellung
Kyongye	Grüßen

M

Makki	Abwehr
Miro	schieben
Moa-Sogi	Achtungsstellung
Mugnyom	Meditation
Murup	Knie

N

Naeryo	abwärts
Narani-Sogi	Parallelstellung
Nullo	drücken

O

Olyo	aufwärts
Olligi	Fußschwung

P

Pakkat	Außenseite
Pakkat-Palmok	Außenunterarm
Pakkuro	von innen nach außen
Palkup	Ellenbogen
Palmok	Unterarm
Paltung	Fußrücken
Pandae	umgekehrt, seitenverkehrt
Pandal-Chagi	Halbkreistritt (Fußblock)
Paro	seitengleich
Pyongkwansu	Fingerspitzen (Finger waagrecht)

R

Rikwon	Faustrücken

S

Sabum	Lehrer
Sangdan	obere Stufe (Kopfhöhe)
Sijak	Anfangen
Ssang	gleichzeitig
Sudo	Handkante

T

Taebi	parieren (schützen)
Taekwon-Do-In	Taekwon-Do-Lernender
Taerigi	Schlag
Taeryon	Kampf
Tigutcha-Chirugi	U-förmiger Schlag
Tolimyo	gedreht
Tollyo-Chagi	Halbkreisfußtritt
Tollyo-Chirugi	Kreisförmiger Fauststoß
Tiro-Tora	nach hinten umdrehen
Tora	umdrehen
Tora-Yop-Chagi	Drehseitkick
Tu	doppelt
Tulki	Stoß
Tymien, Tymio	im Sprung

Y

Yok	umgekehrt
Yok-Sudo	Innenhandkante
Yop	seitwärts
Yop-Chagi	Seitwärtstritt
Yukwon	Hammerfaust